O carteirinho

Copyright © 2024 por Manoelton Sousa

Todos os direitos reservados.
Nenhuma parte deste livro pode ser utilizada ou reproduzida sob quaisquer meios existentes sem autorização por escrito dos editores.

Preparo de originais:
Gabrielle Antunes
Supervisão de texto:
Jéssica H. Furtado

Revisão: Giovanna Melo
Diagramação: Cintia Rodrigues
Capa: Ygor Moretti

A editora não se responsabiliza pelo conteúdo da obra, formulada exclusivamente pelo(s) autor(es). A editora não se responsabiliza pela manutenção, atualização e idioma dos sites referidos pelos autores nesta obra.

Publique seu livro com a Ases da Literatura. Para mais informações envie um e-mail para originais@asesdaliteratura.com.br

Suporte técnico: A obra é comercializada da forma em que está, sem direito a suporte técnico ou orientação pessoal/exclusiva ao leitor.

Catalogação na publicação
Elaborada por Bibliotecária Janaina Ramos – CRB-8/9166

S725c

Sousa, Manoelton

O carteirinho / Manoelton Sousa. – Rio de Janeiro: Ases da Literatura, 2024.

44 p.; 14 X 21 cm

ISBN 978-65-983923-0-7

1. Literatura infantojuvenil. I. Sousa, Manoelton. II. Título.

CDD 028.5

Índice para catálogo sistemático

I. Literatura infantojuvenil

Todos os direitos reservados, no Brasil, países da Europa e Estados Unidos, por Editora Ases da Literatura

Para comprar os livros com maior desconto possível, visite nosso site e acesse o catálogo – www.asesdaliteratura.com
Instagram - @editoraasesdaliteratura e @editoraasinha

Manoelton Sousa

O carteirinho

Dedicatória

Dedico este livro à minha mãe. Mãe solteira, que não teve ajuda do meu pai para criar a mim e meus dois irmãos. Guerreira, trabalhadora e honesta, sempre procurou dar o melhor para nós três. A vontade que ela tinha de ajudar as pessoas, fossem da família ou não, era uma atitude muito genuína.

Agradecimentos

Primeiramente, gostaria de agradecer à minha mãe, Maria do Socorro, que me educou e me fez ser esta pessoa que sou hoje.

Agradeço a todos os funcionários da editora Ases da Literatura, que me trataram da melhor maneira possível e sempre acreditaram no meu trabalho.

1. À minha irmã Rejane, por sempre estar ao meu lado, me apoiando e acreditando no meu potencial, mesmo quando eu duvidava de mim mesmo. Sua amizade e encorajamento significam o mundo para mim.

2. Ao meu tio José Rodrigues, por sua ajuda generosa na correção de mais um livro.

3. Um agradecimento especial às crianças do nosso mundo. Vocês são a razão pela qual escrevo. Suas risadas, curiosidade e alegria de viver me inspiram a criar histórias que possam trazer sorrisos e

ensinamentos. Que cada página deste livro encha seus corações de aventuras e sonhos.

4. Finalmente, quero agradecer a todos os meus leitores. Sem vocês estas histórias não teriam vida. Obrigado por embarcarem comigo nesta incrível jornada literária. Espero que vocês se divirtam, tanto lendo este livro quanto eu me diverti escrevendo.

Com gratidão e carinho,

Manoelton Sousa

Júnior é de família bastante humilde, mas com um coração puro e muito inteligente. Mudou-se para esta cidade ainda criança e logo fez amizades. Ao visitar a casa de um dos seus novos amigos, percebeu que os pais mal conversavam entre eles, pois ficavam o tempo todo ao celular, e meu amigo, na escola, é no parque agia da mesma maneira. As crianças dificilmente brincavam umas com as outras também por causa do celular.

Então ele teve uma grande ideia.

Pediu ao seu pai, Mário, que comprasse uma quantidade enorme de cadernos e canetas. Mário logo se encarregou de atender o pedido do filho, mas, antes de adquirir os objetos, perguntou

— Por que você quer esse monte de caderno e todas essas canetas? — perguntou o pai de Júnior.

— Daqui a pouco eu lhe falo — respondeu Júnior cheio de suspense.

Depois de brincar e fazer todas as suas atividades escolares, Júnior escrevia em dezenas de folhas, talvez centenas. Se fosse contar uma por uma, seriam milhares.

Júnior pediu a Mário, seu pai, que fosse com ele entregar nas casas, pelo bairro onde moram, tudo que ele já havia escrito. Sugeriu ao seu pai usar uma fantasia para que ninguém soubesse quem estava entregando, além da que já usava para trabalhar.

— Você ainda não me falou o que tanto escreve nestas folhas — de forma curiosa, Mário questionou Júnior.

— Quando a gente entregar, eu falo - respondeu Júnior.

— Tudo bem. É segredo, então? — Mário perguntou, intrigado.

— Não. Não é segredo, até porque você vai me ajudar nessa jornada, não é mesmo? — respondeu Júnior.

— Claro, filho. Estarei sempre ao seu lado para o que der e vier, conte comigo — confirmou o pai.

O carteirinho

— Então se prepare porque hoje nós vamos sair, depois da meia noite, andando pelo bairro, só que antes eu vou tirar um cochilo - disse Júnior.

— Então tire os papéis de cima da mesa e ponha um balde que eu vou tomar banho, por favor - pediu o pai.

Quando terminou o banho, desceu para desligar a televisão que o garoto deixou ligada e percebeu que o chão estava molhado. Júnior deve ter deixado a torneira da pia aberta e, como estava com muito sono, esqueceu de fechá-la.

Ao olhar a torneira, observou que ela estava fechada e bem fechada, não se via uma gota de água caindo dela.

Pegou um pano para secar e, depois que secou o chão, observou que a mesa estava toda molhada. Olhou para os papéis que Júnior havia separado para entregar em breve que acabaram molhados. A água que se espalhava pela mesa misturava-se com a tinta azul da caneta que escorria e caía em pingos no chão.

Ele tinha esquecido de tirar as folhas de papel e de pôr o balde em cima da mesa — pensou ele.

Ele ficou parado, olhando as folhas molhadas, e uma gota d'água caiu do piso do banheiro, localizado no andar superior, bem na sua cabeça. Olhou para cima e outra gota caiu bem na sua testa.

— Meu Deus! Preciso secar esse banheiro — falou ele.

Correu para secar o banheiro. Voltou às pressas para tentar salvar alguns papéis com o secador. Sem sucesso, tentou secá-los no fogo do fogão e findou queimando-os.

Aquela pilha de papel escrita que o Júnior tinha escrito alguns dias atrás, acabou de se perder.

Mário subiu para acordar o garoto e dizer o que havia acontecido. Entrou no quarto e, sem saber como iniciaria a conversa, tossiu.

O menino não acordou. Então sentou-se na cama e tossiu novamente, sem perceber qualquer reação do garoto. Ao colocar a mão molhada no pé do Júnior, ele acordou.

— Que mão gelada é essa? — falou Júnior ao acordar.

— É que eu estava secando a sala. Preciso lhe contar uma tragédia que acabou de acontecer — respondeu Mário.

— O que foi? — perguntou Júnior.

— Você sabe como é nossa casa, né? Então... Eu fui tomar banho e, após desligar a TV que você esqueceu ligada, fui arrumar os escritos para fazermos as entregas. Uma goteira que tem no banheiro caiu na minha testa e...

— Termine de contar — falou Júnior.

— Então... como eu estava dizendo... as goteiras que têm na nossa casa... encharcaram todo o chão da sala.

— E na hora que você foi secar, você caiu? Foi isso que aconteceu, né? Ha, ha, ha,ha, eu sabia! Eu falei para você não andar descalço no molhado — falou Júnior aos risos.

— Não. Não foi isso o que aconteceu — respondeu o pai, preocupado — Sabe aquela goteira que tem no nosso banheiro? Encharcou toda a sala, pingou em cima da mesa onde estavam todos os seus textos, acabou molhando e, consequentemente, estragando todos eles.

O semblante alegre e sorridente que perdurava no rosto de Júnior esmoreceu. Correu para o andar de baixo, sentou-se no chão, junto ao sofá, e pôs a mão na cabeça sem acreditar no que tinha acabado de ver.

O garoto passou as mãos nos olhos, enxugando as lágrimas que escorriam em seu rosto e caíam aos montes.

— Tanto esforço para nada... — falou Júnior.

— Calma, não fique assim. Nossa casa precisa de alguns reparos, eu sei. Logo a gente arruma essa goteira. Às vezes, as coisas acontecem e não podemos fazer nada, somente seguir em frente. Você esqueceu de pôr o balde em cima da mesa. Vamos deixar para entregar no mês que vem. Eu te ajudo a escrever — falou Mário.

— Vou subir e dormir, não vou escrever mais nada — respondeu Júnior, bravo.

— Filho, volte aqui — disse Mário.

Júnior subiu batendo os pés nas escadas em direção ao seu quarto, entrou e bateu a porta.

Mário esperou um pouco e subiu atrás. Chegando próximo do quarto, escutou o choro do lado de dentro. Mário bateu na porta e disse:

— Abra aqui.

— Não. Pode ir embora. Não vou abrir nada — respondeu Júnior de dentro do quarto.

— Abra para a gente conversar — pediu Mário.

— Não. Já disse que não vou abrir a porta. Pode ir dormir porque o senhor vai acordar cedo para ir ao trabalho.

— Escuta, eu sempre acreditei em você e, quando me disse que iria fazer esse trabalho, eu lhe apoiei, mesmo sem saber ainda o que seria. Nós formamos uma parceria muito boa, não só de pai e filho, mas como dois amigos que querem ajudar um ao outro. Você precisa de mim e eu preciso de você. Coisas acontecem para nos deixar mais fortes e não podemos desistir agora. Estou junto com você nessa, mesmo sem saber o que você está fazendo, mas acredito que seja algo bom. Então, se você falar que está tudo bem, eu vou para o meu quarto e não falamos mais nisso. Agora, se você quiser continuar, abra esta porta — falou Mário com os olhos lacrimejando.

Mário esperou do lado de fora por alguns minutos, não escutou nenhum barulho vindo em sua direção.

Seus joelhos foram dobrando aos poucos e suas costas escorregando na parede. Sentou-se no chão, abaixou a cabeça e começou a chorar. Depois de bastante tempo, levantou-se e começou a caminhar em direção ao seu quarto. Pegou na maçaneta da porta e, ao abrir para entrar dentro do seu aposento, ouviu a porta do quarto do filho rangendo.

— Pai...

— Oi — Mário se virou devagar, enxugando as lágrimas.

— Eu tenho um compromisso com os meninos deste lugar e um compromisso comigo mesmo. Me dê uma caneta e um caderno — respondeu Júnior.

Algum tempo depois...

Um garoto do bairro chamado Matheus, ao acordar, foi verificar a caixa de correios logo pela manhã, onde havia apenas um bilhete lá dentro e entregou-o para a sua mãe.

— Mãe, esta "carta" é para você, deve ser alguma cobrança de banco — falou Matheus sorrindo.

— Deve ser mesmo e eu não tenho dinheiro para pagar. Já sei, vou tirar da sua mesada — respondeu, zombando, a mãe de Matheus.

O carteirinho

— Ah não! Assim não vale. Minha mesada é muito pouco. Aliás, falando nisso, o que a senhora acha de aumentar um tantinho assim? — E esticou o braço bem aberto.

— Matheus, para que eu vou lhe dar mais dinheiro se você gasta tudo de uma vez?

— Mas dinheiro não foi feito para gastar? - respondeu Matheus

— Sim, mas precisa gastar com responsabilidade — falou a mãe.

— E o que eu faço quando eu receber minha mesada? — perguntou Matheus, intrigado.

— Guardar um pouco, ao invés de gastar tudo — respondeu a mãe.

— Tá bom — concordou Matheus.

O pai de Matheus pediu para ver o papel e, ao abrir, leu o que estava escrito.

POEMA

"NO MUNDO AINDA HÁ ESPERANÇA E O QUE HÁ DE MAIS SAGRADO ESTÁ DENTRO DE UMA CRIANÇA.

O MUNDO PRECISA DE BRINCADEIRA E ALEGRIA, OS ADULTOS ATÉ BRINCAM, MAS SÓ UMA CRIANÇA TEM MAGIA. BRINCAR APENAS BRINCAR. TRABALHAR QUANDO CRIANÇA? ISSO NEM PENSAR".

— Quem escreveu essa bobagem deve ser gente que não tem o que fazer, só pode — esbravejou Ricardo, pai me Matheus, apelidado de "RICHATO" pelos vizinhos do bairro. Pegou a poesia e rasgou-a em picadinho — Pronto. Agora jogue no lixo.

No bilhete não havia remetente. No lugar estava escrito "O carteirinho". Sem saber quem entregou essa poesia para o seu filho, o pai cruzou os braços e ficou pensando quem poderia ter entregado esse poema.

Não era o dia da leitura, não era Dia das Crianças, muito menos o Natal. Não havia nada para comemorar na cidade e por que aquele texto foi parar na casa deles.

No outro dia, todos os pais do bairro estavam falando desse acontecimento porque também lhe entregaram poemas e queriam descobrir quem foi a pessoa que fez isso.

Todos os outros moradores pensavam que era aquele velhinho de barba branca e chapéu preto que empurrava sua carroça bem devagarzinho, recolhendo os objetos reciclados da rua.

Matheus gostou tanto da poesia que decidiu saber quem fez. Percebeu que todo começo de mês, exatamente no nono dia de cada mês, se repetia esse fato. No mês seguinte, Matheus pediu para o pai ficar junto dele observando da sacada para ver se conseguiria ver quem era esse homem ou velhinho, como todos os outros moradores pensavam. A mãe até queria ficar acordada junto deles, mas trabalhou muito e foi dormir. "Richato" não gostou muito da idéia de ficar à espreita.

Eles ficaram plantados atrás do vidro da janela, aguardando ansiosamente e observando todos que passavam na rua. As ruas estavam desertas, somente o barulho de alguns insetos que vagavam à noite. O homem fingiu que estava dormindo na cadeira. Matheus vendo aquela cena, pediu para que o pai fosse dormir na cama, mas antes dele ir pediu para fazer uma pipoca.

O pai de Matheus foi deitar-se e não fez a pipoca

— O nosso filho foi dormir? — perguntou ela.

— Está no quarto tentando ver a pessoa que faz aquelas postagens idiotas — respondeu ele.

O pirralho ficou com os olhos fixados na rua esperando alguém passar e deixar alguma coisa no portão, mas nenhum homem ou o vozinho da carroça apareceu para colocar algo nos portões ou lhe deixar qualquer tipo de pista.

Depois de bastante tempo esperando, observou um carro bem longe parando e colocando objetos em toda vizinhança. Ele pensou: – "É ele".

Desceu até a frente da casa para acabar de vez com esse mistério e descobrir quem era. Mas estava frio e logo subiu para pegar uma calça e uma blusa de moletom e voltou rapidamente para observar a rua.

Ficou do lado de dentro do portão e, nessa hora, só conseguia ver o farol do carro refletindo nas residências e nas grandes árvores que preenchiam a calçada. Também escutava o barulho do motor lá longe, quase não dando para ouvir.

O reflexo foi ficando maior e o barulho do motor aumentando, sinal de que o carro estava se aproximando.

Ele ficou ali na expectativa, segurando as duas mãos no portão e, de vez em quando, encostava o rosto no ferro gelado, entre as brechas, para ver se avistava alguém, mas o olhar não permitia ir muito longe.

O barulho agora estava muito próximo e foi chegando mais próximo, bem pertinho. O carro parou e, depois de algum tempo, veio bem devagar.

E bem devagarzinho ele veio andando, chegou em frente à sua residência e parou.

O motor parou de funcionar, os faróis foram desligados. Um carro preto com os vidros escuros, parado, misteriosamente, em frente ao portão da casa do pai de Matheus.

Uma porta lateral se abriu e um rapaz por ela desceu, com uma bolsa a tiracolo, de onde tirou um folheto e jogou no quintal da casa de Matheus.

— Ei, você que é o carteirinho? — perguntou Matheus.

O moço sem entender nada do que aquele menino estava falando, cerrou os olhos e disse:

— O que? Eu só entrego esse folheto com meus pais para divulgar os doces e salgados que eles fazem para festa. Vai dormir que está frio, sua mãe deve estar preocupada.

Desejou-lhe boa noite, virou as costas, entrou no carro novamente e continuou sua jornada em toda vizinhança.

A mãe ouviu uma conversa no portão. Preocupada, desceu para verificar o que era. Ao chegar na sala, se deparou com o guri fechando a porta, já do lado de dentro, com a cara fechada.

— Eu pensei que estivesse no seu quarto — disse a mãe.

— É que eu vi um carro jogando algo nas casas e pensei que fosse o carteirinho, mas não é ele. É só um rapaz divulgando salgados e doces para festas — falou Matheus, chateado.

— Ainda bem porque se fosse outra poesia eu teria que esconder do seu pai para ele não rasgar novamente. Vem, vamos dormir, já está bem tarde e você precisa acordar cedo para ir à escola amanhã — disse a mãe.

Ao amanhecer do dia, os pais de Matheus levantaram, preparam o café e foram acordá-lo.

Matheus disse aos dois que queria continuar dormindo e que estava com muito sono.

Com muito sacrifício o deixaram de pé ao lado da cama, mal conseguia abrir os olhos e pendia a cabeça para a frente, dormindo.

Ele disse com a "voz de sono" que havia sonhado que o carteirinho era uma criança igual a ele, que passava entregando as cartas em cima de um cavalo pônei. Não conseguiu ver o rosto dele, mas a voz era familiar, já tinha escutado antes.

— Vamos tomar café para você acordar de vez e parar de falar besteira — falou Richato, indo em direção à mesa do café.

— Não precisava ficar lá fora esperando esse homem passar, é perigoso. Quando você menos esperar, você vai conhecê-lo — concluiu a mãe.

— Matheus, deixa de falar besteira. A pessoa que faz isso não deve morar aqui nesse bairro, aqui ninguém tem tempo para fazer esse tipo de bobagem — falou o pai.

— Mas pai, eu e meus amigos gostamos das poesias. Os poemas são lindos. São frases de carinho e afeto, e carinho e afeto não é só para os pequenos e sim para todos. Se o senhor lesse teria o mesmo pensamento que eu.

Em seguida, Matheus deixou a cabeça cair para a frente, que bateu na mesa e começou a roncar.

A mãe levantou o cocuruto, arregalou os olhos dele, deu-lhe um pouco de café da xícara que ela estava tomando.

— Você precisa acordar, guri — falou ela.

O café parecia que havia despertado o garoto. Após terminarem a primeira refeição do dia, ele subiu para se arrumar, pegou a mochila, pôs nas costas e desceu.

— Pronto. Estou pronto e bem acordado agora. — disse ele agora desperto.

Ao abrir a porta, havia um folheto no jardim.

Matheus saiu correndo para buscá-lo.

— Está vendo? Ele veio deixar na hora que eu fui dormir — e ficou resmungando.

— Mês que vem você tem a oportunidade de tentar vê-lo novamente, já que todo começo de cada mês ele vem e deixa alguma coisa não só para você, mas para toda a vizinhança. Um dia alguém vai vê-lo e acaba de vez com esse mistério — falou a mãe dele já dentro do carro, indo em direção à escola.

O carteirinho

Matheus desceu do carro e deixou o papel no banco traseiro do lado esquerdo, onde ele estava sentado.

Richato, ao ver que o menino havia esquecido o objeto no banco, não "contou conversa" e rasgou novamente sem a mãe de Matheus perceber.

Ao chegar na escola, os amigos não falavam de outro assunto, só falavam dos versos que receberam.

As meninas também comentavam com seus versos em mãos, lendo uma para outra.

POEMA
PRIMAVERA, A ESTAÇÃO DAS CORES.
TÃO COLORIDAS COMO O ARCO-ÍRIS
ASSIM SÃO AS FLORES...

Os garotos, na hora do intervalo, marcaram de, no próximo mês, dormir na casa de Matheus para ficar de vigia e assim descobrir de uma vez por todas quem era essa pessoa.

Matheus também contou o sonho para todos seus amigos, um por um, até para a moça da cantina.

O vizinho de Matheus começou a falar que não poderia ir porque esse dia precisava dormir em casa. Matheus arregalou os olhos, ficou todo arrepiado e mudo, o coração quase saiu pela boca. A criançada olhando o rosto branco e espantado dele, perguntou por que estaria assim, pasmo. Ele apenas balançou a cabeça na horizontal para lá e para cá.

Os outros coleguinhas lamentaram a ausência de Júnior e logo não saberia quem era.

Todos foram para seus lares na saída da escola.

Matheus, sem acreditar que a voz do seu vizinho era igual à do garotinho do cavalo pônei do sonho que ele havia sonhado, não conseguia acreditar em tamanha semelhança.

— Não pode ser, não pode ser — falava ele repetidamente e bem baixinho na volta para a casa.

No mês seguinte, no dia que combinaram, foram para casa de Matheus, ficaram na calçada esperando. A rua estava movimentada, passava todo tipo de gente menos o que eles esperavam.

Estavam todos brincando de bola na calçada e, propositalmente, Matheus jogou a bola dentro do quintal do amigo Júnior e ficou esperando que o seu amigo devolvesse a bola.

O carteirinho

Mário, ao ouvir o barulho da bola no quintal, abriu a porta.

— Boa noite, senhor Mário, eu e meus amigos estávamos brincando de bola aqui na calçada e, sem querer, ela caiu aí dentro. O senhor poderia pegá-la para a gente? — Sem esperar ele responder, perguntou: — Onde está o Júnior?

— Boa noite, Matheus, Júnior está estudando — respondeu Mário.

— Como assim estudando? Nós estamos quase de férias — questionou Matheus.

— Eu não sei, coisas do Júnior. Tome sua bola — respondeu Mário.

Júnior, da janela, ficou observando Mário entrar em casa e guardou o caderno.

— O que o Matheus queria? — perguntou Júnior.

— A bola que caiu aqui dentro, ele veio pegar — respondeu Mário.

— Você sabia que eu considero Matheus meu melhor amigo — falou Júnior.

Matheus voltou a brincar com os meninos, em seguida Richato chegou do trabalho, chamou o filho e disse:

— Não quero você brincando com esse nosso vizinho — apontou para a casa ao lado — Se esse garoto quebrar seus brinquedos, o pai dele não terá dinheiro para lhe dar outro.

Matheus nem ligou para o que o ele disse, já que considerava Júnior seu melhor amigo.

Quando todos já estavam dentro da casa de Matheus correram para janela e ficaram plantados de frente. D. Maria vinha trazer comida para todos porque ninguém se preocupava com a barriga nem com o frio que fazia aquela noite e também trouxe cobertores.

Foi ficando tarde e os garotos foram indo dormir um por um, mas Matheuzinho continuou firme ali olhando, mas também não aguentou por muito tempo. Quando Richato entrou no quarto, todos já estavam dormindo. Ele fechou a janela, foi para sala assistir a uma partida de futebol e, quando seu time do coração fez um gol, soltou fogos de artificio, apontando para a casa do vizinho.

Era quase hora de sair, Júnior estava arrumando tudo e fazendo alguns recortes no meio da sala, mas ao ouvir um estrondo de um fogo de artificio próximo, se assustou e acabou cortando um dos dedos que segurava a caneta, neste caso o indicador. Júnior foi até Mário, que estava sentado no sofá assistindo a uma partida de futebol, onde o seu time do coração acabou de levar um gol.

— Papai, papai, olha o que aconteceu com meu dedo — falou Júnior, correndo em direção a Mário.

Quando ele viu o dedo cortado do filho, rapidamente o levou para o hospital, sem se importar muito com a partida de futebol e nem com os fogos de artifício.

Chegando ao hospital, o médico analisou o dedo e perguntou:

— Você tem medo de agulha?

— Quando a minha mãe costurava as roupas do meu pai não, mas se você for furar meu dedo sim — respondeu Júnior.

— Você precisa levar alguns pontos nesse corte senão ele não vai sarar. Foi um corte um pouco profundo, precisamos costurá-lo — concluiu o médico.

— Como você vai costurar meu dedo? Tem máquina que costura dedo aqui no hospital? — perguntou Júnior.

Todos que estavam próximos ouvindo a conversa riram.

— Esse meu filho! — falou Mário.

O médico fez os pontos, mas ele nem chorou. Apesar de tudo, era um menino forte e destemido e ainda ganhou um pirulito do Dr. da alegria, que rondava o hospital com um cachorro.

Agradeceu o Dr. e com o dedo costurado, pediu para o médico uma caneta, um papel e escreveu.

POEMA

CUIDE DE TODAS AS PESSOAS NESTE MUNDO SEM DISTINÇÃO. CUIDE DAS PESSOAS COM AMOR, O AMOR QUE VEM DO CORAÇÃO.

O médico agradeceu e pendurou na parede.

Voltando para casa, Mário chegou a algumas conclusões:

— Agora ele vai sossegar um pouco. Ele não tem tanto poema assim como das outras vezes e, como tem muitas casas, não dá para a gente sair. Quando melhorar o dedo, ele volta a escrever e, futuramente, voltaremos a deixar para todos na vizinhança. - Pensou Mário.

Chegando em casa, Júnior falou:

O carteirinho

— E aí pai, vamos?

— Para onde nós vamos com sua mão desse jeito? — perguntou Mário.

— Fazer o que a gente faz todo dia 09, esqueceu? — respondeu Júnior.

— Mas você não tem tanto poema assim como das outras vezes. Não é melhor deixarmos para outro dia? — disse o pai.

O garotinho foi até o seu quarto e trouxe uma caixa cheia de folhas escritas com poemas. Colocou ao lado do sofá e abriu para Mário.

— Aqui estão. Quando nós temos um proposito na vida, nós temos que ser fiel a ele, agora vamos — falou Júnior.

Mário abriu a caixa. Havia um monte de folhas sujas e rasgadas, indicando que o tempo e alguns insetos destruíram tudo.

— Você viu isso? — perguntou Mário.

— Não acredito! — disse Júnior ao olhar para o objeto.

Júnior despejou a caixa no meio da sala e saiu espalhando tudo e, por sorte, encontrou alguns folhetos que estavam embaixo, intactos.

— Vamos com esse e eu junto com alguns que eu já fiz — falou Júnior.

Já era tarde da noite, Mário viu que a rua estava em silêncio, provavelmente todos estariam dormindo. Voltou para a casa e disse para Júnior:

— Vamos, pegue sua mochila e minha fantasia — Júnior a trouxe.

— Do velhinho da carroça, não, pois eu já recolhi os objetos da rua hoje — falou Mário

Mário colocou a fantasia de cavalo pônei, Júnior pôs sua roupa de carteiro, pegou sua bolsa a tiracolo azul, subiu nas costas de Mário e saíram os dois galopando.

— Iupi! — disse Júnior.

Richato foi levar o lixo e viu os dois saindo de casa. Ele percebeu que eram eles que saiam entregando os textos para o povoado.

— Então é vocês? Então é você que escreve todas aquelas frases para as crianças do nosso bairro — falou Richato apontando para Júnior.

O papai de Matheus ficou espantado com o pirralho. Como pode um guri tão novo, fazer tanto pela garotada deste local. Ele via, quando chegava do trabalho, a felicidade da criançada quando chega dia oito porque no outro dia eles recebem seus poemas.

— Meu garotinho também fica muito empolgado lendo seus textos e queria conhecê-lo a todo custo. Chegou a ficar acordado por horas esperando vocês passarem. Hoje mesmo, os amiguinhos dele vieram dormir na minha casa para vê-lo, mas acabaram adormecendo. Foi quando eu fui dormir que percebi que estava sendo egoísta demais. - admitiu o Sr. Richato - Olha, eu confesso que diversas vezes rasguei seus poemas, mas seus versos fizeram mudar minhas atitudes — e continuou — Sinceramente, eu só tenho a agradecer pelas palavras carinhosas que você põe em suas mensagens para nossos pequenos e, hoje, eu reconheço que vocês dois fazem um trabalho excelente para as nossas crianças. Nunca é tarde para nos arrependermos, não é verdade? Desculpem a minha ignorância. Se eu puder ajudar de alguma forma...
— comprometeu-se Richato.

— Apenas tratar as pessoas de igual para igual. Todos nós somos iguais. Todos nós temos os mesmos direitos independente da nossa classe social, da nossa raça ou cor. O mundo já não suporta tanto ódio. Apenas respeite as pessoas como elas são. Pegue e entregue isso para Matheus, ele é meu melhor amigo. E não diga a ninguém que somos nós. Esse é o nosso segredo e segredos não podem ser revelados — disse o carteirinho.

Ele entrou para dentro enxugando as lágrimas e saiu acordando todo mundo.

— Acorda, criançada, acorda! Eu vi o carteirinho, eu o vi, e ele é exatamente igual ao sonho que você nos disse, é igualzinho. Tinha o cavalo pônei, um menino vestido de carteiro, é igualzinho — falou Richato, todo empolgado.

— Você estava sonhando. Volte a dormir porque amanhã é você que vai me levar para a escola — respondeu Matheus.

Quando todos acordaram, os meninos foram para suas casas.

Agora não mais Richato e sim, Ricardo. Ele entregou, entusiasmado, o papel para Matheus.

POEMA

NADA PODE DESTRUIR A AMIZADE ENTRE DOIS AMIGOS. NEM MESMO O TEMPO, NEM MESMO O VENTO, NEM MESMO AS CLASSES SOCIAIS EM QUE VIVEMOS.

O carteirinho

A DISTÂNCIA JAMAIS AFASTARÁ NOSSA AMIZADE, POIS AMIGOS VERDADEIROS SÃO PARA SEMPRE.

— Então você viu ele? Quem é? É o Júnior, né? — perguntou Matheus.

— Não, eu não o vi. Acabei de pegar os poemas ali no quintal. Ontem eu deveria estar sonhando mesmo — respondeu Ricardo, pensando no segredo — Matheus, eu estava pensando... — falou Ricardo

— O que o senhor está pensando? — perguntou Matheus.

— Vamos ajudar algumas crianças? — disse Ricardo.

— Como assim? — respondeu Matheus, intrigado.

— E se a gente fosse na casa de cada pessoa perguntando se elas têm algum brinquedo usado ou velho que não utilizam mais? Nós poderíamos consertá-los e dar para outras crianças igual o carteirinho faz. Assim, a gente une mais as crianças e, quem sabe, elas ficam menos tempo na telinha.

— Nossa, que ideia genial! — respondeu Matheus.

E assim saíram pedindo em todas as casas e fizeram o mesmo que o carteirinho. Escolheram um dia do mês para sair entregando os brinquedos.

Toda a vizinhança agora queria ajudar de alguma forma e todo dia da semana tinha um objeto em cada residência.

Mário acordou e foi pegar alguns objetos que estavam em seu quintal.

— É para você, pegue — Havia roupas novas, brinquedos e muitas outras coisas — Carterinho ficou muito feliz. Dever cumprido.

— Agora podemos nos mudar para outro bairro. Espero que continuem assim, ajudando uns aos outros e que nunca parem de fazer o bem.

Chegaram em outra cidade e foram morar numa casa bem humilde.

Manoelton Sousa, nascido em Juazeiro do Norte, no interior do Ceará, nunca imaginou que escreveria qualquer tipo de livro. Isso nunca tinha passado pela sua cabeça. Mas a vida mostrou-lhe caminhos nem sempre compreendidos. Essa perspectiva começou a mudar quando ele iniciou seu curso de teatro, dando início à sua carreira artística e literária.

Em 2022, Manoelton lançou seu primeiro livro, "A coleira azul e seus dois donos". No ano seguinte, publicou seu segundo livro, "O menino da lanterna" e, agora, em 2024, está lançando "O Carteirinho".

Além de escritor, Manoelton é apaixonado por música. Cantar e compor suas próprias canções lhe trazem uma felicidade imensa! Atualmente mora em Franco da Rocha, região metropolitana da cidade de São Paulo, onde se estabeleceu com sua família após mudar-se de sua cidade natal, no estado do Ceará. Ele gosta muito dessa cidade, especialmente do Parque Municipal Benedito B. de Morais, espaço incrível, onde se reunem crianças, adolescentes, pais, avós para usufruir de momentos, sejam em atividades esportivas ou fazendo pic-nics, certamente, inesquecíveis.

Publique seu livro:

Conheça os livros da Editora Ases da Literatura em
www.asesdaliteratura.com